시간에 사랑을 입히다

시간에 사랑을 입히다

이금자 시집

시인의 말

낮게 걸린 한 조각 구름
작은 조각돌 위에 빛나는 햇살 한 줌
살갗을 스치는 바람결 하나
자연과
사람 또 사람들….
한마디 말 손짓 감정 추억 미래….
우주의 모든 존재는
시를 기다린다.
이 믿음은 나를 설레게 한다.

시는 그렇다
평범하고 진부한 것들이 부화하여
새로운 무엇이 되는 것이다

시를 사랑한다
그 사랑은 눈물로 노래로 웃음으로 절망으로
가슴 뒤흔드는 동사로 내게 온다
언제든 받아 적고 외우고 지우고
다시 쓰면서

시를 살고 싶다.

2018년

李錦子

제1부

왜목마을 저녁

● 시인의 말

왜목마을 저녁 _ 15
삼길포 _ 16
유월 숲속에서 _ 17
비 오는 날의 산책 _ 18
제비꽃 _ 19
자전 _ 20
불경기 _ 21
춘삼월 바람 _ 22
봄바람 _ 23
청춘에게 _ 24
망중한 _ 25
섭리 _ 26

제2부

봄을 기다리는 딸에게

봄을 기다리는 딸에게 _ 29
먼저 핀 수선화 _ 30
더 웨딩 _ 32
수선화 _ 33
아버지의 사과나무 _ 34
오랜 기도 _ 36
추억 _ 37
눈 오는 날 _ 38
미안하다 _ 39
딸네 집 다녀와서 _ 40
꿈 엄마 _ 41
가족사진 _ 42

제3부

내 곁에 두신

4월 꽃 앞에서 _ 45
꽃 꿈 _ 46
꽃 _ 47
때 _ 48
그 나무 _ 49
별 _ 50
오월 _ 51
여디디야 _ 52
내 곁에 두신 _ 53
친구에게 _ 54
LOVE 중창단 _ 56
인절미 만들기 _ 57
고향의 맛 _ 58

제4부

사랑

산 1 _ 61
산 2 _ 62
산 3 _ 63
웃음 앨범 _ 64
사랑 _ 65
장미와 나 _ 66
그해 바다 _ 67
코코넛 _ 68
라운딩 _ 69
꽃밭에서 _ 70
기다림의 미학 _ 71
가을날 _ 72
봄비 _ 73
순결한 사랑 _ 74

제5부

슬픔은 슬픔 그대로

높이뛰기 _ 77
아들아 _ 78
묵도 _ 80
작약 _ 81
섬 _ 82
휴지기 _ 83
신호등에서 _ 84
동행 _ 85
꽃샘바람 _ 86
다시 꽃샘바람 _ 87
이별 ING _ 88
십 년 동안의 소풍 _ 89
비 _ 90

제6부

시인의 항구

봄비 _ 93
바다 _ 94
시인의 항구 _ 95
첫봄 _ 96
불면 1 _ 98
불면 2 _ 99
시집(詩集) _ 100
시인 _ 101
겨울 숲 _ 102
겨울 하늘 _ 103
수수꽃다리 _ 104
초봄 _ 105

● 해설 순수하고 면밀한 관념으로 직조(織造)한 서정적 모티프의 미학 / 최병영 _ 106

제1부

왜목마을 저녁

사람들이 시간에 사랑을 입히는 모습
웃음소리는 파도를 따라 반짝입니다

—「**망중한**」 중에서

왜목마을 저녁

왜목마을은 늘 축제와 같다
몇 대의 관광차가
영혼이 풀린 사람들을 풀어놓고 기다린다
저녁 어스름 해무 때문인지
막 시작된 어둠 때문인지
흐르고 있던 눈물 때문인지
이미 시야는 뿌옇다

바다는, 끝을 알 수 없는 바다는
잔물결 파도를 만들다가 사라진다
사랑스런 초가을 저녁 바다
홍사초롱 불 밝힌 산책로를 걸으며
발자국을 찍고 생각을 찍고
내가 걷고 살다간 흔적을 찍고….

결국은, 발 담그고 들어갔다
비로소 발가락 사이 간지러운 미소 퍼지고
나를 웃게 하는 것, 나를 울게 하는 것
그 틈을 비집고
밤이 밀려왔다

삼길포

오늘은 시린 바다 가득
이 시대의 시인들이
모이는 날이다

때 이른 한파보다 더 매운 해풍을 안은
갈매기들 걱정에
시인들은 시를 쓸 것이다

시보다 더 쓴 소주 한잔에
커다란 웃음소리 왁자하니
터져 오르고

살아 있는 시 한 행마다
의미 있는 송년으로
이 밤이 다하도록

벅찬 파도 오늘따라 살을 에이어도
바다는 원초적 그리움
출렁거렸다

순진무구한 시인들 가득 싣고
달리는 자동차는 축복 있으라
설렘들 싣고 어서 오라 오늘이여

유월 숲속에서

잠깐만 가던 길 멈추고 바라보면
언제든 축제를 만날 수 있다
숲이 부르는 노래를 들을 수 있다
가볍게 춤추는 영혼을 만날 수 있다
바람처럼 가벼운 나를 만날 수 있다

시작되는 봄 사랑 황홀함은 잊혀졌다
봄꽃 진자리마다 푸릇한 열매
싱싱한 유월 바람에 살 오른다
붉은 해에 한 해의 절반을 투영시키며
고단한 자리마다 기도를 채운다

싱그러운 숲 그늘에 걸터앉아
희로애락 내려놓고 잠시 안심한다
말갛게 눈물 씻긴 다른 나와 조우한다
소망의 청사진 다시 펼치며 이마 맞댄다
산새 메아리 숲을 깨우며 달려온다

비 오는 날의 산책

내 영혼 바람 통하는 길목으로
나를 데리고 나선다
토끼풀 위에 빗방울 또독또독
영혼 두드리며 반긴다
막 피어난 철쭉꽃 어디선가
망보는 벌 나비
머피의 법칙은 늘 안타깝다
동시다발적으로 떨어지는 냇가 빗방울
영혼 위에 그리는 동그란 음표
초록들은 푸름을 내기하고
이름 모를 풀도 풀꽃도
아름다운 사월 비에 젖어 든다
늦은 목련 한 송이 높게 까치발로 서서
누구나 철학자가 되는
비 오는 저녁을 응시하고 있다
잔뜩 비를 머금은 저녁 바람
이제 집으로 돌아가야겠다

제비꽃

너는 꽃 되어
이 땅에 제비 날개를 달고
푸른 창공 겁 없이 날고픈
보랏빛 꿈을 꾸었다

너는 꿀주머니 매달아
나비 마음 흔들어 놓고
낮게 눈 맞춘 풀숲 자리마다
사랑의 꽃등 밝힌다

너는 그리움 되어
언 땅 봄으로 소생하고
은하의 별 모아 담는
긴 자루 뽑아 올리고 있다

자전

— 사진 작가 친구에게

그 속도를 찍고 싶었어
그 소리를 찍고 싶기도 했어
너에게 선물하고 싶었지
너는 먼저 짧은 감탄사
네 시에 날개를 다는 걸 보고 싶었어
비행기보다 빠른 속도로 회전하는
초록 행성에서
날개를 장착하고
우주를 항해하는 너에게
보여주고 싶었어
빛의 속도로 별들을 스쳐 지나는
지구의 감각
너는 먼저 짧은 감탄사

불경기

눈 퍼붓고 난 다음의
고요 같은
햇살은 내리고

말끔히 녹은 거리 위로
남은 물기 눈부신
축제
후

아무도 오가지 않는
하루는
크게
하품을 열고

저녁이 내리면
집으로 스며든다

춘삼월 바람

어느 대륙 노랑나비 날갯짓은
이리저리 휘돌아 바다를 뒤집고 산을 넘어
유성 떨어지는 속도로 몰려다닌다

어느 사막 너머 달려왔는지
근본 없는 춤에 온몸 흔드는 춘삼월 바람
사정없이 헝클어졌다 잠잠하기 연습 중이다

스쳐 지나며 사람 사이 언뜻 이는 바람
갇혔던 추억 쏜살같이 내달리고
저녁밥 짓는 연기 남쪽으로 몰려간다

부딪친 그대 눈길 일렁이던 바람
어느 바다 건너가 태풍 또는 모래바람일지
잡을 수 없는 사치는 골짜기로 흐른다

물새들 사랑은 파도를 만들며 밀며 밀며
기어이 덮어둔 첫사랑 들춰내고야 만다
콧등에 스치는 남태평양 냄새 봄이다

봄바람

향긋한 고향 쑥 개나리 담장 싸리문
장에 간 엄마가 걸어논 옷 냄새 맡던
내 어린 그리움

제비꽃 양지 녘 언덕배기 흰 구름
어린 시절 만물상 장사파리 따라가며 신명 난
내 아지랑이 춤사위

언 강 풀어 어깨 들썩이는 종달새
버들피리 불며 아버지 따라나선
내 낚시찌의 늘어뜨린 잔물결

청춘에게

환히 목젖이 보이도록 웃는
네 큰 웃음이 좋았어
멀리서도 들리는 네 웃음소리 듣고 달려갔을 때
넌 기다려주지 않았어
가난에 발목 잡힌 우등상장만이
엄마의 장롱 속에서 빛나고 있었어

아름다운 줄 몰랐어
그대로가 빛났는데 넌 그것조차 몰랐어
질풍노도마저 잠재웠던 절규
네가 울고 있다는 소식에 난 달려갔어
내 걸음은 너무 느렸나 봐
도시의 열망을 앓던 자리마다 네 상처는 자랐어

그럴 일은 아니었어
네 좌절에게 대학노트 한 권 사주고 싶었어
네 슬픔을 끌어안고 난 말했어
언제든 시작할 수 있어
청춘은 나이가 아니니까

망중한

여름으로 흘러가는
봄 물결은 하염없습니다
맨발가락 사이로 모래 빠져나가듯
시간은 잔파도에 떠밀려 다니고
나는 지금 시간과 데이트 중입니다
결국 말하고야 말았습니다
위로와 사랑이 필요했었다고
언제나 너와 같이 있었다고
담담히 시간은 대답합니다
그래? 물음표에 윙크 담아 날려주니
더 바짝 다가앉습니다
한가히 놓아둔 눈앞에 바다가 들어옵니다
가족들은 연인들은 부지런히 추억을 만들고
새우깡 향해 돌진하는
갈매기의 꿈은 시끄럽습니다
사람들이 시간에 사랑을 입히는 모습
웃음소리는 파도를 따라 반짝입니다
코끝엔 부쩍 여름 닮은 저녁 바람 솔솔
저 애들의 모래 장난은 끝나지 않습니다
오래 단둘이 바라본 모처럼의 바다는
해 그림자 드리우며 길게 눕습니다

섭리

오리 떼는 일제히 날아오르고
큰 무리는 아직 앉아 있다
누가 어떻게 점호를 하는지
한 점 오차 없는 포물선
일제히 솟아오르는 날갯짓 아름답다
지휘자의 손길에 따라
음의 강약을 조절하는 합창처럼
구구거리는 중저음 음색
겨울 들판에 낮게 깔린다
보이지 않는 곳에 반주자가 있어
선율에 맞춰 군무를 하는지
차례로 날아올라 날갯짓하며
들판에 남기는 그림자까지 일사불란하다
이맘때면 겨울 논을 덮는 오리 떼
그분이 운행하시는 이 세계 이 시대
사람의 운명이 또한 그렇다
섭리는 그렇게 일제히 이루어 가시는
발걸음 멈춰 세우는 전율이다
그가 내게 온 것은 섭리라고 그가 말했다
그렇지 않고는 설명이 안 된다고도 했다

제2부

봄을 기다리는 딸에게

유난히 빛날 노란

너의 작은 봄을 사랑한다

—「**먼저 핀 수선화**」 중에서

봄을 기다리는 딸에게

너는 엄마 생일이 들어있는 삼월을 싫어한다
겨우내 기다린 춘삼월
어디에도 겨울 잔상뿐이고
옷 사이 파고드는 바람은
더 세차다

그래도 얘야
언 강 풀리고 물 흐르는 소리
물결은 봄바람처럼 나풀거린다
종달새들 까부는 날갯짓 따라간
시선에 감겨오는 동그란 미소

엄마 생일 든 삼월 미워하지 마렴
기다리는 너에게
삼월을 가로질러 네 봄은
오고 있다 얘야

먼저 핀 수선화

— 소현이에게

아직도 어딘가 숨어있을 추위와
미세먼지 흙바람 속에서도
유난히 빛날 노란
너의 작은 봄을 사랑한다

꼭 닫은 망설임들 사이
무엇이 그리 궁금한지
노란 양산 반짝이며 기웃대는
너의 환한 호기심을 사랑한다

꽃 질 것을 걱정하지 않고
세상 향해 먼저 활짝 내민 손
두려움조차 거칠 것 없는
너의 기쁜 용기를 사랑한다

가장 아름다운 이 순간 기쁨 위해
긴 겨울 뿌리의 감내 잊지 않는
세심한 배려가 몸에 밴
너의 명랑한 인사를 사랑한다

햇빛과 바람 네 노란 꽃술 누비며
나비 종다리 따라 부르는
네가 부르는 봄 노래
너의 즐거운 목소리를 사랑한다

더 웨딩

빅 아일랜드 오스트레일리아
태평양 바닷물이 다운타운 중간을 운하처럼 흐른다
신뢰가 바탕 되지 않으면
결코
세울 수 없는 도시 시드니에
미네*가 뿌리를 내렸다

*미네 : 큰 딸 이름.

수선화

오늘 폭신한 새벽 비 맞고
사랑둥이는
꽃알을 품었다

그토록 오랜 기도
찬 겨울 얼음 속에서도
우주의 에너지 모아 담더니

용서 감사 벅찬 눈물로
축복이 된 너
경이롭다

아버지의 사과나무

우리 집 뒤란은 나의 자부심, 나의 보고
뒤란에는 사과나무 세 그루
아버지는 해마다 전지를 하고 거름을 주고
사과 꽃이 피면 못생긴 꽃을 솎아내셨다

지금 내가 아버지와 사과나무를 키운다면
아카시아 꽃 따다 접붙이고
바닷물에 거름을 발효시키고
바닷물 섞어 링거액 농도 농약을 주고
해충에 강한, 맛있는 사과나무를 키울 텐데….
나는 해마다 사과 농사에 귀를 세워둔다

열 살 즈음 나는 뒷문 툇마루에 앉아
아버지의 바쁜 봄을 감시하다가
뒤란 들락거리며 내내 가을을 기다리다가
가을이 오기 시작하면
사과나무에 올라가 앉아
이 사과 저 사과를 만지작거리다가
다 익지도 않은 풋사과를 한 개 똑 따서
우걱우걱 먹다가 버렸다

제삿날에나 구경할 수 있었던
사과라는 과일을 나는,
아버지의 사과나무에 턱 걸터앉아
가을이 다 가기까지 하나씩 따 먹었다
날마다 맛이 더 좋아지는 사과
세상에서 젤 맛있는 사과

오늘 나는 아버지의 애지중지 사과나무 되어
추억의 뒤란을 기웃거린다.

오랜 기도

하얀 꽃잎 닮은 춘삼월
눈이 내린다

꽃망울 안은 수선화

영원을 건너 뚜벅뚜벅 걸어온
긴 그리움의 꽃망울
만세 전 언약 묵묵히 품고
온몸으로 눈을 맞는다

삼월 중턱 넘어온 함박눈 속
절대 오지 않을 듯한
네 봄

눈이 그쳤다
염원의 꽃망울 터짐처럼

환하다

추억

가난을 앓을 때가 있었다
중고 티코만 가져도 부자가 된 거 같았다
티코 유머는 왜 그렇게 웃겼든지
껌에 붙은 티코 유머는 큰 웃음을 주곤 했다
크게 부러울 것 없었다

환한 웃음 보석처럼 터트리는 딸들은
티코 창문을 쏜살같이 내렸다
친구들에게 손을 흔들었다
아주 가늘고 긴 손가락
자동문 크게 안 부러웠다

가로막은 내 티코 때문에 차가 막힌
아줌마들 네 명이 티코를 들어 올릴 태세다
뛰어오는 나를 보며 한보자기 웃음 터진다
이거 반짝 들어 옮기려고 했는데
눈물 쑥 나도록 티코는 모두를 웃겼다

껌은 조심하며 다녔지만 네 바퀴 티코는
등하굣길 안전운행을 끝까지 책임지고
자동차 번호판 떼어 내게 맡겼다
늠름히 폐차장 향해 굴러가던 오후
햇살 닮은 웃음 눈물처럼 반짝였다

눈 오는 날

흰 눈이 펄펄 내리는 날은
엄마의 시루떡이 생각난다
지금 생각해보면
두 되 정도의 시루떡 옹기
흰 쌀가루 한 켜
막 삶아 으깬 포실한 팥 한 켜
내 친구들 사랑방에 들어앉아
깔깔대는 날은
어느새 시루떡을 시루째 들고
우리에게 가져오신다
공부 잘하는 외동딸
남들만큼 공부시키지 못하는
미안함 담아
뜨끈뜨끈한 시루떡에
친구들 함성 눈송이처럼 터지고

스물 즈음 더 이상 보챌 수 없었던
내 열망 같은 눈송이 점점 커진다

미안하다

정이월 아직 바람 차가운 날
동구 밖 밭매러 나간 엄마
기다리다 못해 밭으로 나간다
엄만 앞만 보고 잰 호미질
밭이랑 뒤에 홀로 앉아
정이월 칼바람 콧물 훌쩍이며
마냥 바라보는 엄마 뒷모습

보고 있어도 그리웠던 엄마
난 앞만 향해 나갔다 잰 호미질처럼
엄마 그 이름에 코끝 시린 딸들 보며
보고 있어도 그리웠을 엄마

미안하다 미안하다 미안하다

딸네 집 다녀와서

엄마 밥이 젤 맛있어
당신 음식은 깊은 맛이 나
무한 반복 듣고 싶은
네가 듣는 칭찬

가을을 든든히 먹여 묵직하게
쓰윽 자란 아이들과 함께
무한 연주하고픈
너희의 환한 노래 환한 웃음

엄마로 아내로 딸로 동생으로
친구로 모델로 집사로
종횡무진 눈부신 활약에 담긴
네 사랑의 깊이

울컥 눈물로 여는 너의 기도로
아이들은 자라고
아이들은 사랑스럽고
아이들은 행복하다 고맙다

꿈 엄마

딸들은 나를
"꿈 엄마"
라 부른다
꿈 엄마는 오늘도
꿈을 꾸고
시를 쓰고
꿈은 나이를 먹지 않는다
물가에 내놓은 아이처럼
딸들은 걱정이 많다

여전히
꿈 먹이는 분 있어
꿈 엄마는 오늘도
아픔에
찬연한 한 줄 시 입히고
늘 그것으로
충분하다

가족사진

가장 젊은 오늘
5학년 마지막 생일을 기념한다고
너희들은 또 나서 주었다

엄마의 길엔
언제나 너희

너희가 있어서
아름다울 수 있는 엄마였다

"엄마 앉으세요, 앉으세요"
의자 하나밖에 없는
조그만 떡볶이집에서도
어린 너희들은 나서 주었고

언제나 빛나는 동행
친구이자 동역자
외롭지 않았다
고맙다

제3부

내 곁에 두신

나에게도 꽃 시 한 편
헌사하고 싶은 오월입니다
—「**오월**」 중에서

4월 꽃 앞에서

너도나도 꽃으로 피어
너도나도 아름답다
온 천지 그분 손길 안 미친 곳 없어
감사는 꿀처럼 열리고
나비 벌은 행복하다
나이가 들수록
우주의 질서는 숙연하기만 해
한 송이 꽃 앞에
오래 머문다

꽃 지는 모습조차
아름다운
언약을 기다리는
너의 한때
꽃 진 모습조차 의연하구나
은혜받는 은사를 받은 나는
너의 눈부신 순응 앞에
눈 붉다

꽃 꿈

여기까지~
꽃 꿈을 보내셔서
꿈을 꾸고 꽃이 피고
소녀가 되고 여인이 되고
사람은 사랑 없이는 의미 없는 존재라는 걸
웃음과 행복을 만져서 알게 하셨습니다

여기까지~
멈춤을 보내셔서
다시 돌아가고픈 그리운 어제들에게
좁은 문 좁은 길 노래를 보내셔서
사람은 당신 없이는 살 수 없는 존재라는 걸
삶과 중심을 원하시는 걸 알게 하셨습니다

꽃

더 예쁘게 피려 하지 않는다
더 빨리 피려 서두르지 않는다
더 크게 피려 힘쓰지 않는다
더 오래 피려 애닳지 않는다
더 사랑받기 위해 안달하지 않는다
더 아름답기 위해 애쓰지 않는다

애쓰고 절망하고 안달하는
너는 행복한가
너는 충분한가
너는 최상인가

때

알람을 들으며 천천히
때를 기다리는 꽃 무리
두런두런 손잡고
반주에 맞춰
일제히 터질 듯한 꽃망울
해마다 꼭 이맘때를 기다린
환한 그리움

다정한 봄볕의 유혹 너머
피멍이 들도록 꼭 잡은 언약
희미해지지 않도록
순명하는 꽃 무리
일사불란하다

때를 아는 겸손
영원을 사모하는 마음
몸으로 말한다

그 나무

넓게 드리운 초록 나무 잎새 위로
순백의 십자 모양 꽃 피어있었다
예사롭지 않은 순결함에 나는 끌렸다

처음 들은 그 나무 이름
산딸나무
그분의 십자가 나무

오직 하늘을 향해서만 하얗게 핀
키 큰 산딸나무 꽃그늘 밑으로
나는 뛰어들어갔다

고아가 된 나
나는 가난했다

아무 뜨거움도 없이 그냥
물이
온몸의 물이
눈으로 빠져나갔다

일찍 더위가 시작된 그해 유월이었다

별

빛을 향해 살아 움직이는 질서
태초에 예정된 점
초록 행성에 안착한
점
때로 울고
때로 웃고
네가 웃고 우는 것 알고 계시다
이 광활한 우주
수억의 노래 속에서
네 작은 시(詩)는 별이 되었다
그렁그렁 눈물 담긴
별
조심스레 빛난다

오월

꽃 지고 꽃 피는 오월
축하를 나눕니다~ 오월 입성

올해도 꽃 가득히
오월을 열어주신 주님께
감사드립니다~

오월엔 꽃들이 시를 다 써서
시인들은 시를 못 써요

감탄사 휘날리는 꽃 무리 속
향긋한 밀어들 주워

어린이에게 어버이에게 스승에게
부지런히 축하를 보내고

나에게도 꽃 시 한 편
헌사하고 싶은 오월입니다

여디디야*

너를 만나고 돌아오는 길
갑자기 네 아픈 눈물 같은
세찬 빗줄기

서쪽을 향해 달릴수록
네 마음처럼 깜깜한 구름

그 많은 배반 앞에도
넌 기도를 잊지 않았다
저는 괜찮아요
저는 괜찮아요

그새,
짧은 소낙비 그치고
나도 눈물을 닦았다

* 여디디야 : 하나님의 사랑을 입은 자라는 뜻으로 솔로몬의 애칭.

내 곁에 두신

작은 거인
당신을 생각합니다
번득이는 지혜가 오는 통로는
눈물과 기도
제압하는 힘은 영성에서
한 사람 한 사람을 귀하게
열성으로 다가가
먼저 눈물샘 열어 울기 시작합니다
당신의 무기는 눈물입니다
나를 큰 소리로 웃게 합니다
웃을 때 눈이 안 보이는 내 모습을 좋아합니다
당신의 무기는 웃음입니다
그런 당신과 자매냐고 물을 때
나는 행복합니다
지적이고 단아한 모습 아름답습니다
누구라도 일단 압도당합니다
주님이 그렇게 하십니다
그게 당신입니다
작은 거인
당신의 이름입니다

친구에게

하나님의 막내딸
성경 쓰기 끝내야 잠드는
네게는 어울리는 별명

나보다 두 배쯤 눈은 큰데
속눈썹은 세 배쯤 길어서
눈 한번 깜빡일 때는 네 배쯤 늦다

학생들과 같이 한 너의 일생 때문이겠지
도통 늙지 않는 여전히 공부하는
우등생 소녀

거꾸리와 장다리
안성시내 활보할 때는
나는 너로 인해
너는 나로 인해
더욱 뽐내고 걸어도 좋았다

마지막 한 개 남은 만두 나눠 먹고
행복하게 배부른 빵집 나오며
우리 우정 변치 말자던 약속
라면박스에 편지 되어 채워지고

젤 친한 친구 이름을 쓰고 이유를 쓰라던
선생님의 설문지에
"좋아하는데 이유가 있나요?"
네게는 어울리는 별명 작은 철학자

아직도 소녀적 웃음 깔깔대는데 머리는 하얀
중학교 교장 선생님
순수와 정직, 최선의 초심으로
또박또박 걸어온 너의 길 하나하나에

네게만은 무한 신뢰
우정의 긴 시간들 모아 모아
뜨거운 존경의 기립박수를 보내마

LOVE 중창단

4월에는 여인들을 풀어놓으면 안 되겠다
과도한 아드레날린 분비
웃음,
꽃처럼 쏟아진다

녹록지 않았을 삶
엄마한테 다 맡기고 소풍 나온
아이,
사진기 앞에 웃음들 마냥 철없다

십여 년 삐걱거림 없이 잘도 모인다
갖가지 모양 향기 열매가 다른
꽃,
각양 은사가 달라 너도나도 예뻤기 때문이다

빗방울 모여 넓은 저수지를 채워 나가듯
작은 감사는 큰 한줄기
합창,
오늘도 향기로운 여인들의 하모니 아름답다

인절미 만들기

우리 다 어린 날 그게 가난인 줄 몰랐던
가난을 공유했었고
우리 다 이제 뜻하지 않게 다가온 나이
회갑을 공유했다
떡은 이렇게 치는 거야~!
저마다의 폼으로 떡메를 칠 때마다
감탄사 한바탕 터져 오른다
손은 씻었니?
쫙쫙 찹쌀 반죽 밀고 펴고 자르고
뒷동산 마구 뒹굴던 그 시절로 돌아가
고소한 콩고물을 굴린다
웃이며 얼굴 콩가루 뒤집어쓰고
모처럼 환한 웃음들이 이쁘다
누구도 다시 돌아서서 갈 수 없는
이 길,
거기 친구라는 이름이 있어 좋다

드문드문 씹히는 밥알의 어설픔도 있지만
쫀득쫀득한 우정이여 영원하라~

고향의 맛

사정없는 봄바람과 맞서지 않으면
얼은 논길 씀바귀는 캘 수 없었다
너무 써서 잎사귀 하나도 먹지 않던 그 시절
봄은 극성맞은 느리재 아이들을 흥분시켰다
큰 소리로 봄노래 불러대며 나물을 뜯으러 나갔다

씀바귀의 쓴맛이 좋아지고
냉이 무침에 묻은 봄 냄새를 알게 되면서
우리도 빠른 속도로 나이를 먹어갔다
우리들 피에 흐르는 고향의 맛 유전자는
봄이 되면 더 출렁거려 고향으로 우리를 불러 모은다

고향 찾는 친구들 위해 온 들판 헤매고 다녀
봄나물 한 상 차려낸 친구의 밥상머리
냉이는 캐지 않고 꽃단지 꽃무리 따라가며
나비 날개처럼 나풀거렸던 어린 추억들은
젓가락 사이에서 행복한 춤을 추었다

제4부

사랑

생명을 담보한 나를 던져

너에게 올인하는 것

—「**사랑**」 중에서

산 1

한 걸음부터 시작되었다
너를 정복한다는 것

너를 타고 올라가 정상에 이른다 해도
너를 정복한다는 것

너는 매일이 달라서
너를 정복한다는 것

언제나 다시 한 걸음부터 시작되었다
너를 정복한다는 것

매일 다시 시작하리라
너를 정복한다는 것

산 2

때로 너는 내게 작은 이파리 흔들어 주었다
때로 너는 내게 밤꽃 향기 흩날려 주었다
너에게 바란 건 많지 않았다 그래도
언제나 나를 반기는 네가 좋았다
네가 내미는 고사리손 또 고운 낙엽이 좋았다
너는 산새들 노래 모아 메아리 만들고
너는 계절마다 다른 새 옷 갈아입고
갖가지 향신료 버무려 척척 꽃을 피워냈다
내가 외로울 때 너는 아무 말 없이 따라나섰다
내가 슬플 때 너는 아무 생각 없이 같이 걸었다
터벅이며 걷다 보면 때론 웃음 떠오르고
네 초록 정취에 반한 시 때론 넘나들고
네 푸른 정기 받아 때론 희망 싹트고
너는 날마다 다른 언어로 나를 맞았다

산 3

아무래도 오늘은 너를 내려놓고 가야겠다
심장 가장 가까이 늘 만져지던 너를
내려놓는 일 무너지는 나는 허둥댄다
너는 내 아린 이별 상관없이 푸르고
가을이 오면 꽃단장 서두를 것이다
내 일부가 떨어지는 너를 내려놓는 일
너는 언제나 그 존재로서 당당했다
너를 축복하며 내딛는 발걸음 무겁다
무심히 나를 보내고 너는 다시 푸르다

웃음 앨범

웃는 모습을 좋아하는
그대가 있어
온 우주에 내 웃음소리

그 향기 오래 지구에 남아
메마른 그대 가슴 가장 깊은 곳
꽃으로 피었다

한 권의 미소로 엮인
아름다운 날들은
오직 그대만을 향해 있다

그대 눈 마주치면
한바탕 피는 눈물 매단 웃음꽃
온 세상 출렁인다

사랑

한없이 보드랍고 따뜻한
포근함을 유영하는 것

너만이 가진 그 신비에
나를 몰입하는 것

용암처럼 꿈틀대는
나와 조우하는 것

생명을 담보한 나를 던져
너에게 올인하는 것

다시 시작되는 그리움에
애타는 나를 사랑하는 것

장미와 나

온몸으로 담장 치대며
시침 뚝 뗀 환한 꽃
누군가를 닮았다
한없이 그대에게 치대는
나
그래
너무 많이 닮아서
웃음 나온다

살결 내음 아름다워
가던 인생 멈춘 그대
오월의 청아함 다 담아
주고 또 주고만 싶은
나
그래
너무 많이 닮은
향내 사랑스럽다

그해 바다

두서없는 이야기 그 끝이었다
그때 나 너 사랑했었다
짧고 단호한
침묵
남 얘기 같은, 소설 같은
아무것도 기억할 수 없는
마침내
매몰찼던 작별의 도입부
사는 게 급한 나를 무너뜨린 해일
헐은 그의 가슴에서 오래 숙성된
그해 짠 바다

바다를 뒤집는 태풍은
심연에 산소를 공급하기도 하여
비로소
내가 살아있음을 알았다
휴면상태의 촉각들이 먼저 움직였다
떨림과 북받친 열기
그것을 지켜보는 끝없는 불면
그해 뜨거운 바다

코코넛

작은 코코넛
달콤하고 고소한 너를 닮았다
내 마음을 핥던 네 입술의 달달함
네가 꺼내 논 젊은 추억은 아리다
작은 코코넛
내 사랑을 자랑하고 싶은데
큰 소리로 웃고도 싶은데
작은 코코넛
먼지 나던 길 너 하나로 충분하다

라운딩

당신 칭찬 소리 응원 소리 귀에 울리면
더 잘하는 습관은 몸에 배고
당신 입술 지난 자리마다 꽃은 피고
그리움은 굵고 뚜렷한 별들을 만들고
정글이 남긴 키 큰 야자수 나무마다
당신 사랑은 높게 달려있다

꽃밭에서

초록 꽃밭 넘실대는
노란 금계국
홀린 듯 유쾌한 어울림을 찍기 시작했다
부스럭~ 꽃 속에서 누군가가 일어선다
"내가 가꾸는 꽃밭이요~ "
환한 주인 목소리에 꽃들은 더 신명이 났다
바람에 맞춘 춤사위 들썩이며
주인 향해 까불거린다

그대 옆의 나
저런 풍경
저런 색깔
저런 춤 출 수 있을까?
나는 부럽다

"사진 한 컷 찍어도 돼요?"
함박웃음 녹인 사랑의 수고
해와 비바람 별들의 합주가 찍혔다

노랑 티셔츠에 초록 가디건
한껏 멋 낸 나 초라해지지 않도록
그대는 달려오는 중이다
나도 스텝 하나쯤은 연습해 두어야겠다.

기다림의 미학

낮에는 피고 밤에는 지는
분홍낮달맞이꽃
며칠째 낮달님 보지 못했다
그리움은
흰색에서 분홍으로
점점
물들어가고 있었다

어떻게
이렇게
연하게
이쁘게
수줍게
낮달님 기다릴까?

그냥
내가
불쑥 찾아갔다

단 하나의 기다림을 나도 알지만
그래도 하얗게 웃어 주었다

기다림은 모습조차 닮아 가는 것

가을날

당신 마음 누이던 완충지대 없어져
허허로움 그대로의
쓸쓸한 가을날
따끈한 찻잔 가득
사랑을 담아
채우고 채워지도록

버팀목 기대어
한 번쯤은 목 놓아 울어도 좋은
그런 가을날

봄비

보도블록 동그란 꽃잎들
음악처럼 내려앉고

빨갛게 꽃 진 자리마다
잎새들 출연

동그랗게 동그랗게
벚나무에 물기 스미고

이 맘 전해지도록 오래
예쁜 비 내림

순결한 사랑

동네 어디서나 볼 수 있었던
패랭이꽃
다시 널 만나고
너무 예뻐진 네 모습에
이름조차
까맣게 까먹었다

네 꽃말을 자세히 듣고
네 앞에
오래 앉아
널
본다

사랑은
늘 순결하다

제5부

슬픔은 슬픔 그대로

만나려니, 만나서 안으려니….

못 다한 사랑고백 밤이 새려니….

— 「**아들아**」 중에서

높이뛰기

울며울며 혼자 하는 높이뛰기
내겐 그가 없어서
나는 혼자 뛴다
그럴 때면 언제나 통곡이 뒤따라온다

주님께서 날 따라오시며
울고 계셨다
그 울음을 내가 듣고 발을 멈추면
주님도 눈물과 함께 발을 멈추신다

이 비밀 때문에 나는 산다

아들아

— 친구 아들 죽음에 부쳐

1.
해양대학교를 졸업하고
마도로스를 꿈꾸며 떠났던
26개월의 항해
너에겐 푸른 바다와 하얀 제복이
유난히 잘 어울렸다
그건 너여야만 하고
그건 우리의 자랑이었다
꿈, 희망, 사랑….
이 세상의 가장 좋은 것들은
너에게만 해당되었다

이렇게 돌아와서는 안 되었다.
아들아

2.
그 바다 어딘가에 네가 있으려니
파도 소리 유난한 밤엔
네가 부는 휘파람 소리려니….
그렇게 좋아했던 그 바다
네가 헤엄치는 소리려니….

뱃고동 길게 울며 항구를 떠날 때는
네 곧은 발걸음 장단 소리려니….
언젠가는 그 하늘 어디선가
하얀 제복에 푸른 파도 닮은
저만치서 달려오는 네 웃음소리
만나려니, 만나서 안으려니….
못 다한 사랑고백 밤이 새려니….

묵도

마음 깊숙한 곳으로부터
늘 비 오는 소리

새벽녘 잠 깨어
울음 우는 내 영혼

외롭게 두시면
그대로 있겠습니다

내가 살아나
내 속에 있는 그가 살아나 넘칠
그날의 폭포 소리

긴 여정 속에서
잠시 버려지고 잊혀져도
그건 괜찮습니다

그럴수록 더욱 가까이엔 그가 계심
여전히
내 영혼 위론
비가 내리고

잠시 잊혀져도
그건 괜찮기로 했습니다

작약

꽃 잔치 순서 기다리는 너
탱글탱글 단단한 몽우리 터져
수줍은 꽃말 곧 피어 올릴 태세다

네 차례가 되는 황홀한 오월
넌 자줏빛 꽃잎에 겹겹이 싸인
노란 족두리 신부가 된다

아무도 봐주지 않는 마당 귀퉁이에서
넌 해마다 꽃 피고 졌다

나는 나 혼자 피고 지던 그 마당 앞에서
너에게 이별한다

부질없는 상련(相戀)에 난 이리 서성이고
넌 오월 향해 내달린다

섬

거기서 내가 그를 불렀는지
그가 나를 거기 가뒀는지
그의 말 몸짓은 송곳으로 남았다
먼 나라까지 족적은 따라가
웃음과 행복을 질투한다
내 속에 사는 그의 미래들은
더 이상 숨 쉬지 않는다
꿈꾸던 이상만 섬에서
각각 다른 이름으로 산다
영원을 탐한 죄
파도처럼 쏟아진 죄
바람을 따라간 죄

휴지기

달콤한 시간들은
안정궤도로 들어선 듯하다
식어버린 커피는 비린내가 난다
노력과 의지는 상관하지 않았다
치자꽃 앓던 봄날은 간듯하다

나무 아래 낮은 구름 걸리고
빠르게 저녁이 오고 있다
슬픔은 슬픔 그대로
고요는 고요 그대로
내 모습 있는 그대로
고요한 허밍 입안 가득히
축제 후의 쓸쓸함 잠기는 어둠

신호등에서

멈춤 앞에
작은 빗방울 차창에 잘게 부딪고
먼 서쪽 하늘은 개어 오고 있었다
셔터를 누르는 건 습관이 아닌 감성
순간을 잡아 빠르게 간직한다
아무것도 약속할 수 없는 먼 미래들에게
멈춤을 가르치고 타이른다
오락가락 빗방울에 괜스레 눈 시려
파란불 되어
뒤 경적 울릴 때까지

동행

혼자 사는 것이 잘 어울리는 여자
그 절묘한 타임이라는 것은
뜻하지 않은 운명을 만들곤 한다
바람은 임의로 불어 젖혀
나뭇잎들 이리저리 몰려다니고
억새풀 건들거리는 골목 사이로
날 흐린 11월 함께 달린다

혼자 산 이십 년 꼬리표 잘라낸 시작은
기대 안하고 사는 법을 학습하는 것
닮은 꼴 두 여자 안 한 말까지 알아듣고
생각이 많아지면 안 돼
더 나은 길은 없어 그게 우리 나이야
개똥철학은 가끔은 진지하고
말끝에 붙인 장난기 눈웃음이 이쁘다

11월을 사랑한 소녀였던 그녀와
11월은 그저 추워 시가 안 써지는 그녀
지구 어느 쪽에서 일어났는지 알 수 없는
바람처럼 허허로운 들판 가로지른다
빈 가슴 투명하게 거울 되어 바라보며
말 너머의 말 그저 마음 저편에 닿고

꽃샘바람

노란 봄 햇살은 따스운데
눈비 섞인 바람
사정없이 꽃잎 속 파고들었다
긴 겨울 뿌리의 기도 담은
개나리 노란 자태 의연하다
그래서 더 아리다

밤이 될수록 차가운 바람
너를 찾겠다던 여린 약속들
사정없이 흩어지고 멀어진
반년쯤 가버린 하루
밤이 깊을수록
뜨거운 고해는 깊다

거스를 수 없는 사랑을 믿고
당당할 수 있으리
눈부신 노란 축제

다시 꽃샘바람

햇빛 마중을 나갔다
봄까치꽃 위 햇살 따갑다
어제 광풍에 훌쭉한 벚꽃나무들
봄은 힘겹게 오고 빠르게 가곤 했다

용서해 줘….
온종일 윙윙대는 애원
잠이 안 와….
겨우 남겨져 신음하는 꽃잎들
사랑한다 눈물 되어 터진 외마디

외면하고 돌아서다
뒤돌아본다
이 또한 지나가리 저린 날들이여

지나가는 시간들 기다려 주고 싶다

시샘하다 지친 바람
사정없이 떨어진 꽃잎들 위에 엎혀 있다
가는 눈으로 겨우 봄이 들어선다

이별 ING

이 사람은 이렇게 말을 하고
저 사람은 저렇게 말을 하는
그래서 이렇게 저렇게 오락가락하는
나는 지금 이별 중입니다
천천히 또는 빨리 끊어내야 합니다
이 동네는 개울가까지 꽃이 피어
이별할 것이 너무 많습니다
개울가 아무렇게나 핀 꽃들도 자연스러워
내 이별은 어색하기만 합니다
오월엔 이럴 일이 아니지만
난 준비 없이 찾아온 이별 중입니다
사랑이라는 무한 책임을 내려놓고
자유로운 그들은 여유롭습니다
그들의 흥겨운 노래가 비가보다는
듣기 좋습니다
올해 잦은 봄비는
비 오락 비 가락 소리 내며
한없이 젖어있습니다

십 년 동안의 소풍

가벼웠다 가장은 아니었음으로
바다에 기대어 숨소리 들으며
짐 내려놓고 깊은 들숨 긴 날숨
아는 이 없는 그 땅 뿌리 내리려
정처 없는 낯선 거리 늘 서성였다
한 사람 한 사람 낯에 정 익히고
때론 몹시 눈비 내린 날 있어도
별걱정 안 했다 마음은 요동쳐도
언제나 반듯하게 다시 정돈하기
긴 소풍 마치고 돌아가려는 길
깊어진 팔자주름에 웃음 새기고
다시 쓸쓸한 집에 불 켜고 끄기
그래도 다시 따라나서진 않겠다
외로운 소풍은 이만하면 됐다

비

우리들의 창밖으론
지금
비가 내린다
사정없이 상처 입은 내 영혼이
갇혀 있다
어디를 향해
내 손을 높이 들어야 하나
살아나가는 것이 심각한 형태로 신음하고 있다

사람은 또한 결단할 때가 있는 법이다

채워짐 없는 고갈
마른 땅의 단비
대지와 숲은 젖어 있다

제6부

시인의 항구

때로 거칠게 때로 잠잠히
바다는 생명을 출발시킨다
—「**바다**」 중에서

봄비

시 읊는 목소리에 잠이 깨
한걸음에 문 열고 나선 설레임보다
앞선 비
줍기만 하면
주워서 끼워 넣기만 하면
시가 될 듯한 빗방울들
찬 이마 위로 신선한 새벽은 오고 있다
막 핀 꽃들과 함께 서서 비를 맞는다
방울방울 축복의 언어를 달고 내려오는
기쁜 시(詩)들은 사월 혈관을 타고
빠르게 흐른다
은총처럼 꽃잎처럼
시인이 되어서 행복하다
어느새 뜨거운 눈물과 버무려지는
또 봄비….

바다

시(詩)를 낚아 보려고 바다로 나갔다
지구 끝 어디론가 물을 덜어내고
홀쭉해진
바다는 쉬고 있었다

당신 향취 닮은 바다 내음
온몸으로 퍼지는 알싸함
아무도 알 수 없는 뜨거운 신비
바다는 사랑을 안다

그런 나를 경계하는 갈매기 한 마리
머리 위 선회하며 끼룩 인다
깎이고 깎인 조약돌
바다는 많은 것을 훈련시켰다

지구를 휘감아
살아 꿈틀대며
때로 거칠게 때로 잠잠히
바다는 생명을 출발시킨다

나, 때때로 바다에 서서
사랑의 완성을 투정하고
안 낚이는 시로 휭 돌아서도
바다는 여전히 내 편이다

시인의 항구

맞다, 아무렇지도 않은 하늘에서
갑자기 눈이 오기 시작했다
그 항구 전망대에 서던 그 시점
첫 여자가 생각나고
눈은 내리고
이 시인은 옆에 있고
만만한 산중 턱 고택 해월사
언젠가의 먼 도비도
그윽한 바다 작은 섬들 사이사이로
와~ 눈은 내리고
울컥 눈물이 북받치면
사무실 밖에 나가 한참을 울고 들어온
정 시인처럼
그런 날이다
술도 받지 않고
찌개에 불어터진 밥도 안 넘어가는
목은 메어 오는데 시 한 줄 안 써지는

그런 날이다

첫봄

시인이 되고
첫봄
꽃들은 다르게 피기 시작했다
순서를 기다리며
색깔을 나눠 가졌다
발걸음 멈춰 세운 꽃향기마다
새로운 의미는 달려 있었다

시를 쓰는
첫봄
하늘은 멀리 열렸다
반짝이는 언어로 바다는 말을 걸었다
조사를 뗀 자리마다 별을 심으며
혼자 기뻤다
괜한 웃음 바구니에 주워 담으며
음악처럼 시는 춤췄다

다시 올 수 없는
첫봄
이파리마다 녹음 매단 매미 울음에
여름은 시작되겠지만
상큼한 시 조각 썰어 넣어

곁절이 버무리는

첫봄

행복하여라

불면 1

오늘 밤 시들이 쏟아져 나와
잠을 못 잔다
일기장 가득
시들이 적힌다
아픔도
죄악도
사랑도
미움도
그 많은 시어들이 서성거려
잠을 못 잔다
나는 시인이 되려나 보다
아무래도 그런가 보다
시인의 새벽이 왔다

불면 2

밤새 시 조각들이 따라와
날 괴롭혔다

아무렇게나 잠들어 있는 아이들
더 햇볕이 필요했다 그들에겐

문득문득
흐느낌 소리에 소스라쳐 일어나 앉는다

모든 자아가
모든 허상이

송두리째 뽑혀 나가는 소리
나 이상의 나 때문에 괴롭지 말자

시집(詩集)

시를 쓰는 이 시간들을 사랑할 터
사무실 귀퉁이 시상(詩床) 차려놓고 앉아
시를 쓰고 지우고 시를 앓는 터
원망 후회 아쉬움도 더는 쓸데없는
유배된 정승처럼 봄빛은 더 찬란할 터
어느 세상에도 없을 나만의 유배지에서
사랑을 감성을 꿈꾸고 있을 터
가쁜 숨으로 돌아가는 세상 속에 외로이
한가로운 시상(詩想)들은 날개를 꿈꾸며
차분히 준비되고 있을 터

시인

어제는 착한 비 순하게 내리더니
오늘 햇살은 한껏 기지개를 폅니다
비 개인 파란 하늘 높습니다
이번 비에 꽃망울은
더는 숨길 수 없는 내면 터치고 나옵니다
시인은 결국 시를 씁니다
시를 버린 세대에게 시집을 보냅니다
"남의 마음 들여다보는 거 피곤한 일이야"
친구들 말이 아파 채팅방을 나옵니다

어느 하늘에선가 날아온 참새 떼
하늘 위에 물구름 둥실 타고 왔는지
은하수 징검다리 겅중대며 뛰어왔는지
수선한 노래 한마당 벌리곤 날아갑니다
시인은 한 줄 받아 적습니다

안도의 다른 이름은 시(詩)입니다
시인입니다

겨울 숲

내 시어들처럼 서걱대는
바람 소리
매끄럽게 갈아지지 않는
내 시가
부끄럽기도 하고
또 그래선 안 될 것 같기도 한
초년의 숲

언 볼 빨갛게 때리는
빈가지 촘촘한 햇살 사이
날 선 바람
정신이 번쩍 나게
쭉 올라간 하늘 가득
언 콧물 묻은
초보 딱지 펄럭인다

겨울 하늘

몹시 추운 날
집 밖으로 나서는데
쨍
시야 가득
파란 유리처럼 부딪쳐오는
쪽빛 겨울 하늘
우와~~
탄성과 만나
금방 깨질 것만 같다

육십 년의 겨울을 살면서
이 느낌의 겨울 맛 시를
쓰지 못했다
늘 철들지 못해
겨울엔 시를 쓰지 못했다
안으로 안으로만 채워지는 그 깊이를
직시할 수 없었다

수수꽃다리

내가 시인이라면
이 향기를 그릴 수 있어야 한다
내가 사진 작가라면
이 향기를 찍을 수 있어야 한다
그럴 수 없다면
그냥
'수수꽃다리~'
다정하게 속삭이며
연한 보랏빛 향기에 코를 박아야 한다
오래 주위를 맴돌며
다시
'수수꽃다리~'
다정하게 불러야 한다
달콤한 침이 고인다

초봄

차창 넘은 봄 햇살
따끈하다
곧 잡힐 듯한 봄은
먼 듯하다

당선되셨습니다
선정되셨습니다
기쁜 소식 전하는 분의
목소리는
봄을 닮았다

접어두었던 꿈들은
놀라서 벌떡 일어서고
축제의 팡파르 닮은
종달새들 포르르 날아오르고

봄 닮은 주말
화창하다

순수하고 면밀한 관념으로 직조(織造)한 서정적 모티프의 미학

— 이금자 시집 『시간에 사랑을 입히다』 해설

최병영 (시인 · 문학평론가)

1. 상상과 사유로 이상세계를 탐구하는 유미안적 감성의 통찰

시는 영혼의 타래를 풀어 의미와 정서를 직조하는 경이로운 예술의 창작이다. 시는 순연한 상상과 사유의 결실이고 진실과 유의미한 가치철학의 총합이 빚어내는 주체적 인식의 결실이다. 한 편의 시를 창작하기 위해서는 시적요소의 결실까지 전 과정이 내면의식의 층위(層位)로 면밀히 결집되어야 한다. 시작행위에 있어 밀도 높은 함축성과 사유의 깊이, 예지와 통찰력이 화학적 융합을 보일 때 명시는 탄생한다. 시는 무한한 상상력의 발현이다. 상상력은 현실 저편에 존재하는 또 다른 가능태로서의 이상세계이다. 상상력은 현재의 고통과 번민을 생생한 느낌으로 집중시키며, 그 느낌을 바탕으로 현실을 타파하고 승화할 수 있는 단초를 제공한다. 시는 감성과 이상 사이에 존재하고, 현실과 사유, 철학 사이에 존재하는 상관물이다. 때문에 시에는 서정적자아의 삶에서 추출(抽出)된 고통과 고뇌와 번민이 상흔처럼 축적되어 있다. 삶의 상흔은 참되고 가치 있는 시의 혈액이고 영예이다. 시 전반에 걸쳐 모자이크(Mosaic)를 이루고 있는 이들 편린(片鱗)들은 저마다의 개성적이고 독특한 문양을 형성한다. 이 작은 조각의 문양들이 서로 융합하고 조직을 이루어 시의 주체적 맥락을 형성한다. 때문에 시 감상에서는 이 작은 조각들이 지니는 형상과 문양과 색채를 주목해야 한다.

프랑스 철학자이며 교육자인 루소(Rousseau)는 '과학은 배우는 사람을 위해 존재하고 시는 알고 있는 사람을 위하여 존재한다.'고 역설하였다. 구태여 대구법을 활용하여 강조한 그의 말을 인용치 않더라도 시는 이미 이 세상에 존재하는 고차원의 문학으로서 인간 정신세계를 탐구하고 가치체계를 추구하는 고도의 예술임을 부인할 여지는 없다. 시는 그 자체로서 가장 숭고하고 지적이며 진지한 영혼의 예술인 것이다.

2. 헌신적이고 열정적인 사랑으로 구현하는 자주적 인생론의 함양

시는 상상력으로 빚는 심미적 세계의 영상이다. 시는 영혼의 결로 다스리는 순도 높은 감성이 원형적 정서에

용해되어 전율의 소용돌이를 몰아온다. 우리는 한 편의 절절한 시를 통하여 극대화된 기쁨과 희열을 만끽하고 슬픔과 아픔을 체감하며 고독과 고적의 심연을 경험한다. 진정한 시는 말과 언어를 다루는 기법에서 비롯되는 게 아니라, 인간 삶의 성찰과 내면을 직시하는 깊은 사유와 이해에서 결실된다. 참신한 시는 항시 구체성과 몽환성, 선명한 이미지와 신비한 여백의 넉넉한 공간을 잘 조율하고 무르익은 언어로 깊은 내면의 흐름을 축적해야 한다. 좋은 시는 문학적 가치가 높고 함축적 언어, 비유와 상징, 철학적 정신, 운율과 이미지, 주제가 선명한 시이다. 아름답고 깊이 있는 시의 창작에는 인생을 통찰하는 실존적 의미가 진솔하게 담겨야 한다. 시어를 선택하는 메타의 수사법, 이미지의 암시성, 군더더기 없이 깔끔한 시는 좋은 시의 절대적 요소이다.

이금자 시인은 이미 3인 공동 사진시집으로 『수채화처럼 시가 되는 풍경』을 간행한 바 있다. 이 시집에서 이금자 시인은 작품과 피사체가 어우러져 수채화와 같은 한 폭의 아름다운 정경을 창출하였다. 가지런히 정제된 시가 아름다운 피사체에 용해되고, 구도와 색채미학으로 터치한 피사체가 시에 날개를 달아 창공으로 비상하는 상승효과를 결집하는 작품집이다. 이번에 두 번째로 상재(上梓)한 이금자 시인의 시집은 『시간에 사랑을 입히다』라는 다분히 철학적이고 사유적이며 속살 깊은 표제를 취택(取擇)하고 있다. 시간은 흐름을 전제로 하는 비가시적 무형의 실체이다. 마치 일상적인 바람과 냇물처럼 찰나(刹那)의 순간에 스스럼없이 다가와서 무심히 사라지는 개체이다. 시간은 미래시제에서 현재로 잔존하다 과거로 소멸되어 가는 통시적 특성을 지닌다. 이 세상의 모든 생명체는 그러한 시간의 흐름 안에서 존재한다. 우리는 시간의 매듭을 풀어 호흡하고 삶의 의미를 창출하며 생의 단상을 축적해간다. 시간의 가시적 인자(因子)는 작지만 그 실체적 본질은 거대한 의미를 지닌다.

이번 간행한 작품집에서 이금자 시인은 '시간에 사랑을 입히길' 소망한다. 사랑은 애틋하고 그리움으로 충만한 마음의 상태이다. 사랑은 마치 시간처럼 무형의 형체로 존재하면서도 숭고하고 지순한 가치를 지닌 정신작용이다. 시집 『시간에 사랑을 입히다』를 통해 이금자 시인이 구현하는 사랑의 실체를 살펴본다.

한없이 보드랍고 따뜻한
포근함을 유영하는 것

너만이 가진 그 신비에
나를 몰입하는 것

용암처럼 꿈틀대는
나와 조우하는 것

생명을 담보한 나를 던져
너에게 올인하는 것

다시 시작되는 그리움에
애타는 나를 사랑하는 것

—「사랑」 전문

사랑은 때로 비이성적이고 비논리적이며 비규범적인 성격을 지닌다. 그러기에 사랑이고, 그래서 매력적이다. 사랑은 절실한 감성의 발로이며 순수한 정서의 표출이다. 이금자 시인은 이를 보드랍고 포근하며 신비롭고 몰입해야 할 주체로 인식하고 있다. 이는 용암처럼 마그마가 화산의 지표를 뚫고 분출되는 뜨겁고 열정적인 것이기도 하고 대상에게 생명을 던지는 헌신적이고 희생적인 것이기도 하며 종래에는 그리움에 몸부림치는 자아를 절실히 사랑하는 것이기도 하다. 이금자 시인이 조영(造營)하는 사랑은 지극히 투명하고 맑은 색조를 지니며 다면적이고 다층적인 의미를 함유한다. 이는 이성과 가족과 절대자에 대한 사랑을 구분하지 않고 모든 대상에게 균등하게 적용되는 감성과 의지로 표출되는 특징의 한 단면이다. 사랑은 인간이 지니는 수많은 감정들 중 가장 나약하면서도 가장 강력한 정서이다. 이금자 시인은 무한적이고 무조건적이며 완벽성을 지향하는 아가페(Agape)적 사랑을 추구한다.

3. 순결한 의식의 총합으로 이룩하는 가족애의 자아상(自我像)

가족은 혈육을 중심으로 형성되는 내적 집단이다. 부부를 중심으로 하여 그로부터 태어난 자손을 포함하는 혈통으로 구성된 공동체를 뜻한다. 가족에서의 혈연관계는 부모 관계를 기본으로 하여 확장된 인원을 포함한다. 이와 같이 구성되어 생계를 함께하는 집단을 가족이라 하고 이 가족집단의 구성원을 '가족원'이라 할 수 있다. 가족은 그들 구성원들에 의해 여러 가지 유의미하고 가치 있는 기능을 수행하며 가족원 간의 교제와 사랑을 통해 정서적, 심리적 안정감을 제공한다. 이금자 시인의 『시간에 사랑을 입히다』를 구성하는 제반 시편에서는 이들 가족에 대한 무한적이고 헌신적인 사랑이 주조를 이루며 공명성 있게 표출된다.

열 살 즈음 나는 뒷문 툇마루에 앉아
아버지의 바쁜 봄을 감시하다가
뒤란 들락거리며 내내 가을을 기다리다가
가을이 오기 시작하면
사과나무에 올라가 앉아
이 사과 저 사과를 만지작거리다가
다 익지도 않은 풋사과를 한 개 똑 따서
우걱우걱 먹다가 버렸다

제삿날에나 구경할 수 있었던
사과라는 과일을 나는,
아버지의 사과나무에 턱 걸터앉아
가을이 다 가기까지 하나씩 따 먹었다
날마다 맛이 더 좋아지는 사과
세상에서 젤 맛있는 사과

오늘 나는 아버지가 애지중지하던 사과나무 되어
추억의 뒤란을 기웃거린다.

—「아버지의 사과나무」 일부

정이월 아직 바람 차가운 날
동구 밖 밭 매러 나간 엄마
기다리다 못해 밭으로 나간다
엄만 앞만 보고 잰 호미질
밭이랑 뒤에 홀로 앉아
정이월 칼바람 콧물 훌쩍이며
마냥 바라보는 엄마 뒷모습

보고 있어도 그리웠던 엄마
난 앞만 향해 나갔다 잰 호미질처럼
엄마 그 이름에 코끝 시린 딸들 보며
보고 있어도 그리웠을 엄마

—「미안하다」 일부

가을을 든든히 먹여 묵직하게
쓰윽 자란 아이들과 함께
무한 연주하고픈
너희의 환한 노래 환한 웃음

엄마로 아내로 딸로 동생으로
친구로 모델로 집사로
종횡무진 눈부신 활약에 담긴
네 사랑의 깊이

울컥 눈물로 여는 너의 기도로
아이들은 자라고
아이들은 사랑스럽고
아이들은 행복하다 고맙다

—「딸네 집 다녀와서」 일부

위의 시들은 사랑의 정조가 가족 구성원으로 응집된 '가족애' 의 대표적 시들이다. 이들 시들은 사랑의 감정을 시라는 특수한 틀 속에 내재시켜 우려내지 않고 그냥 일상적 언사에 담아 진솔히 그려내고 있는 특징이 두드러진다. 일반적 시가 가지는 함축성이나 메타적 수사, 이미지 암시 등의 시적 기교를 배제하고 서정적자아의 감정과 정서를 있는 그대로 진솔히 구현하고 있는 공통적 양상을 보인다. 겉 포장지로 가리지 않은 알맹이는 진솔하고 참다운 실질 가치의 진면목을 가진다. 이들 시편은 작위적이지 않은 순박한 의식의 총합으로 빚어낸 순결한 영혼의 자아상(自我像)이다.

첫째 시 「아버지의 사과나무」는 어렸을 적 아버지 몰래 뒤란의 사과나무에 올라가 풋사과를 따 먹던 추억을 반추한 작품이다. 이 시에는 농사철을 맞아 바쁘던 아버지의 일상생활과 서정적 자아의 추억어린 동화적 세계가 소묘(素描)처럼 아름답게 펼쳐지고 있다. 가을이 오기 전부터 소중한 사과를 한 알 한 알 따먹는 소녀의 천진한 어릴 적 모습이 감각적이고 감미로운 영상으로 한 편의 수채화처럼 부연 되는 작품이다. '날마다 맛이 더 좋아지는 사과' 를 따먹으며 세월의 흐름을 손에 잡을 듯 살아온 서정적 자아는 이제 어른으로 성숙했다. 어른의 의식으로 시적 자아 자신이 사과나무가 되어 추억의 뒤란을 기웃거리는 모습에서 세월의 무상감과 아버지에 대한 애틋한 연민의 정서, 그리고 잊을 수 없는 추억의 단상이 한 편의 소품처럼 아름다운 영상으로 펼쳐진다. 둘째 시 「미안하다」는 어머니에 대한 그리움이 애절히 표출된 시이다. 바람 차가운 날 밭 매러 나간 어머니의 힘겨운 일상과 그 어머니를 기다리다 못해 직접 밭으로 나가 목도한 어머니의 힘겨운 생활상이 적나라하게 묘사되었다. 부산하게 앞으로 나아가며 밭매는 어머니의 뒷모습에서 느끼는 애틋한 정회와 보고 있으면서도 그리운 어머니의 모습이 감각적으로 잘 묘사되고 있다. 이 작품은 서정적 자아의 감성이 어머니에 의탁된 감정이입의 기법으로 그려지며, 시린 날에 밭에서 딸을 바라보며 안타까운 심회와 그리움에 잠겼을 어머니의 모습이 서정적 자아의 시선에 의해 입체적으로 그려지고 있다. 셋째 시 「딸네 집 다녀와서」는 서정적 자아가 어머니가 되어 자녀에 대해 가지는 사랑과 정감을 노래한 작품이다. 딸의 왕성한 사회활동과 더불어 훈훈한 이들 가정의 행복감이 가감 없이 시의 본류를 면밀히 형성하고 있다. 행복이란 삶에서 흐뭇이 느끼는 기쁨과 만족감의 정서이다. 한 가족의 구성원인 엄마와 딸, 딸과 딸의 자녀가 형성하는 삶의 충족감과 행복감이 여과 없이 시에 투영되어 명징하고 진솔하게 구현되고 있다.

4. 종교에의 순응과 구도(求道)적 신념으로 구축한 동일성과 절대성

종교는 초자연적인 절대자의 힘에 의존하여 인간 생활의 고뇌를 해결하고 삶의 궁극적 의미를 추구하는 문화 체계를 이른다. 이는 애니미즘(Animism)이나 토테미즘(Totemism)과 같은 원시종교를 포함하여, 현대를

풍미하는 각종 종교의 개체에 이르기까지 여러 형태를 지닌다. 한국의 영혼숭배 사상은 오래된 원시 종교현상의 한 잔존물이라기보다는 사회체계와 상징체계가 관련되어 있는 문화의 한 요소로 파악된다. 이금자 시인은 종교에 대한 절대성과 불변성의 신념을 지니고 있다. 시에 형상화된 내용을 살피면 그 신념은 절대자에 대한 무한적 권위와 무조건적 헌신을 불변의 기본 축으로 삼고 있음을 이해할 수 있다. 종교는 무조건적인 믿음을 전제로 하는 정신 활동이다. 이금자 시인의 종교적 시편에서는 악기 없이 목소리로만 부르는 아카펠라(A Cappella)의 청아하고 해맑은 화음(和音)이 들려온다.

넓게 드리운 초록 나무 잎새 위로
순백의 십자 모양 꽃 피어있었다
예사롭지 않은 순결함에 나는 끌렸다

처음 들은 그 나무 이름
산딸나무
그분의 십자가 나무

오직 하늘을 향해서만 하얗게 핀
키 큰 산딸나무 꽃그늘 밑으로
나는 뛰어들어갔다

—「그 나무」 일부

한 사람 한 사람을 귀하게
열성으로 다가가

먼저 눈물샘 열어 울기 시작합니다
당신의 무기는 눈물입니다
나를 큰 소리로 웃게 합니다
웃을 때 눈이 안 보이는 내 모습을 좋아합니다
당신의 무기는 웃음입니다
그런 당신과 자매냐고 물을 때
나는 행복합니다
지적이고 단아한 모습 아름답습니다
누구라도 일단 압도당합니다
주님이 그렇게 하십니다
그게 당신입니다
작은 거인
당신의 이름입니다.

—「내 곁에 두신」 일부

새벽녘 잠 깨어
울음 우는 내 영혼

외롭게 두시면
그대로 있겠습니다

내가 살아나
내 속에 있는 그가 살아나 넘칠
그날의 폭포 소리

긴 여정 속에서
잠시 버려지고 잊혀져도
그건 괜찮습니다

그럴수록 더욱 가까이엔 그가 계심
여전히
내 영혼 위론
비가 내리고

잠시 잊혀져도
그건 괜찮기로 했습니다.

—「묵도」 일부

절대자는 그 자체가 근원적이고 완전한 존재이다. 기본적으로 기독교는 예수를 메시아로 믿고 구원의 주체로 인정하는 데에서 시작된 종교이다. 예수의 가르침 중 핵심은 '사랑'이다. 여기서 말하는 사랑은 자아가 아닌 타인을 자기 자신 대하듯 정성을 다하는 행위이다. 첫째 시 「그 나무」는 산딸나무를 종교적 의식으로 형상화한 작품이다. 산딸나무는 예수가 십자가에 못 박힐 때 쓰인 나무로서 일명 '독 우드(Dog Wood)로 불리는 나무이다. 이스라엘의 산딸나무는 재질이 단단하고 당시에 예루살렘 지역에서 가장 큰 형태를 지닌 것으로 알려져 있다. 그러나 예수가 십자가에 못 박힌 후 다시는 십자가를 만들 수 없도록 하나님이 키를 작게 하고 가지도 비꼬이게 만들었으며, 십자가에 못 박힐 때의 모습을 상징하는 열십자(十) 형태의 꽃잎을 만들었다는 속설이 전한다. 붉은 수술은 예수의 머리에 씌워진 가시관을 나타내며, 붉은 열매가 몇 개씩 붙어 있는 모습은 예수의 피를 나타낸다.

이 시는 도입 부분에서 산딸나무의 형상에 대한 묘사

와 함께 꽃의 순결성에 대한 정회를 드러내고, 이를 예수의 십자가에 연계시켜 꽃그늘로 뛰어드는 서정적 자아의 절대적 종교에의 귀의를 표상하고 있다. 이는 "고아가 된 나/ 나는 가난했다"는 시행에서 현재 당면한 서정적 자아의 심회와 처지를 확고하고 명확하게 규명하고 있다. 둘째 시 「내 곁에 두신」 작품은 절대자를 곁에 두고 기도하며 생활하는 서정적 자아의 심회와 절대자가 지닌 신령스러운 영성(靈性)을 찬양하는 시이다. 절대자에 심신을 의탁한 서정적 자아의 미더움과 행복감이 시행을 압도하는 시적 특성을 보이고 있다. 이러한 심성은 셋째 시 「묵도」에도 그대로 전이(轉移)되어 종교적 시의 본류를 형성한다. 서정적 자아는 절대자를 믿고 권위에 순종하며 비록 고통과 아픔이 있더라도 기꺼이 감내하려는 의지적 신념을 강하게 표방하고 있다. 세 편의 시 전반에 걸쳐 서정적 자아가 지닌 절대자와의 일체감과 동일성이 강한 어조를 이루며 시의 내면적 기류를 형성하는 공통적 특징을 보인다.

5. 자연과의 물아일체로 직핍(直逼)한 경외감과 심미적 교감의 메시지

자연은 서정시가 추구하는 영원성과 순결성과 동질성을 표방하는 중심테마이다. 이금자 시인의 상당수 시는 서정적 자아와 자연이 교감하는 심중의 대화를 채록한 문학이다. 자연이 지닌 순리적 철리(哲理)는 인간의 의식과 행동을 올바로 일깨우는 규범으로 작용한다. 자연의 본질은 인공의 힘을 가하지 않고 저절로 이루어진 형상이다. 그러기에 자연은 순연한 그 자체로 존재의 의미를 지닌다. 도덕경(道德經)에 명시된 자연의 의미는 인간사회에 대해 대응하며 원래부터 있었던 그대로의 모습과 우주의 순리를 뜻하고 있다. 사람들은 자연환경 속에서 살아가며 생활에 필요한 많은 것들을 취득하여왔다. 자연은 인간 삶의 터전이고 의식주 생활의 원천이다. 자연은 인간에게 맑은 공기와 깨끗한 환경, 휴식의 공간과 아름다운 경치를 제공해준다. 그러나 오늘날 과학기술이 발달하면서 인간은 집요하게 자연을 변화시켜 새로운 생활환경을 만들 욕망에 집착하는 양상을 드러낸다. 자연환경이 파괴되면 그곳에서 생활하는 모든 생명체가 존재할 수 없다. 때문에 우리는 필연코 자연환경을 보호해야 할 절대적 명제와 당위성을 갖는다.

한 걸음부터 시작되었다
너를 정복한다는 것

너를 타고 올라가 정상에 이른다 해도
너를 정복한다는 것

너는 매일이 달라서
너를 정복한다는 것

언제나 다시 한 걸음부터 시작되었다
너를 정복한다는 것

매일 다시 시작하리라
너를 정복한다는 것

—「산 1」 전문

때로 너는 내게 작은 이파리 흔들어 주었다
때로 너는 내게 밤꽃 향기 흩날려 주었다
너에게 바란 건 많지 않았다 그래도
언제나 나를 반기는 네가 좋았다
네가 내미는 고사리 손 또 고운 낙엽이 좋았다
너는 산새들 노래 모아 메아리 만들고
너는 계절마다 다른 새 옷 갈아입고
갖가지 향신료 버무려 척척 꽃을 피워냈다
내가 외로울 때 너는 아무 말 없이 따라나섰다
내가 슬플 때 너는 아무 생각 없이 같이 걸었다
터벅이며 걷다 보면 때론 웃음 떠오르고
네 초록 정취에 반한 시 때론 넘나들고
네 푸른 정기 받아 때론 희망 싹트고
너는 날마다 다른 언어로 나를 맞았다

—「산 2」 전문

아무래도 오늘은 너를 내려놓고 가야겠다
심장 가장 가까이 늘 만져지던 너를
내려놓는 일 무너지는 나는 허둥댄다
너는 내 아린 이별 상관없이 푸르고
가을이 오면 꽃단장 서두를 것이다
내 일부가 떨어지는 너를 내려놓는 일
너는 언제나 그 존재로서 당당했다
너를 축복하며 내딛는 발걸음 무겁다

무심히 나를 보내고 너는 다시 푸르다

—「산 3」 전문

예로부터 산은 숭배의 대상으로 신성시되어 왔다. 산악 숭배 의식은 산에 반드시 신령(神靈)이 존재한다고 믿는 원시 숭산사상(崇山思想)에서 비롯되었다. 일찍이 우리 선인들은 태양에 근접하기 위해 산정에 제단을 마련하고 태양을 숭앙해왔다. 산은 이처럼 인간이 하늘에 이르는 신성한 존재로 인식되었다. 산은 미적 대상의 주체이고 정신적 생활에 있어 정서함양은 물론 이상향(理想鄕)을 구현하는 주도적 의미를 함유하였다. 문학에 있어서는 「도솔가(兜率歌)」와 제의적인 서사시가 그 시대 산천에 대한 고대의 종교적 신앙을 그렸고, 이는 고구려 가요를 비롯하여 신라 향가와 백제 가요가 발생하게 되는 원천이었다.

이금자 시인의 위 작품은 산을 주제와 제재로 견인하여 노래한 연작시 형태의 작품들이다. 시 「산 1」에서는 서정적 자아가 산을 정복의 대상으로 인식하고 있고, 시 「산 2」에서는 산을 정겨운 벗으로 인식하여 그 특성을 예찬하는 정서를 묘사하고 있으며 「산 3」에서는 계절에 따른 산색의 변화와 시적화자와 맺어온 불가분의 연관성을 그리고 있다. 「산 1」은 산에 오를 때 시작하는 '한 걸음' 의 의미와 인내심을 가지고 줄기차게 도전해야 하는 당위적 타당성의 행보가 강조된다. 이 시는 '너를 정복한다는 것' 이란 구절을 매 연의 후미에 반복적으로 정치(定置)하여 고대 시가의 후렴처럼 활용하는 시적특성의 특이성이 눈길을 끈다.「산 2」는 산의 동적인 변화상과 꽃의 향기, 산이 지니는 소리 등의 복합적 이미지가 순수하고 감성적 언어로 표출되는 특징을 보인다. 시적 화자에게 산은 자연친화적 주체요 물아일체(物我一體)의 대상으로 존재함을 인지할 수 있다.「산 3」은 가슴 깊이 담아왔던 산과의 별리(別離)를 노래하고 있다. 대상을 내려놓고 내딛는 무거운 발걸음과 산이 주체가 되어 시적 자아를 보내고 다시 푸름으로 채색되는 모습에서 이별의 아릿한 아픔과 진통의 회한이 물씬 감성을 자극해온다. 이금자 시인이 노래한 일련의「산」시들은 각기 개성적이고 질박한 의미를 승화시켜 주체적으로 시감(詩感)을 형성하고 있음을 느낄 수 있다.

너는 꽃 되어
이 땅에 제비 날개를 달고
푸른 창공 겁 없이 날고픈
보랏빛 꿈을 꾸었다

너는 꿀주머니 매달아
나비 마음 흔들어 놓고
낮게 눈 맞춘 풀숲 자리마다
사랑의 꽃등 밝힌다

너는 그리움 되어
언 땅 봄으로 소생하고
은하의 별 모아 담는
긴 자루 뽑아 올리고 있다

—「제비꽃」 전문

꽃 잔치 순서 기다리는 너
탱글탱글 단단한 몽우리 터져
수줍은 꽃말 곧 피어 올릴 태세다

네 차례가 되는 황홀한 오월
넌 자줏빛 꽃잎에 겹겹이 싸인
노란 족두리 신부가 된다

아무도 봐주지 않는 마당 귀퉁이에서
넌 해마다 꽃 피고 졌다

나는 나 혼자 피고 지던 그 마당 앞에서
너에게 이별한다

부질없는 상련(相戀)에 난 이리 서성이고
넌 오월 향해 내달린다

—「작약」 전문

꽃은 아름다움의 상징물이다. 이는 화려함과 번영, 영화로움의 긍정적 의미를 표상하고, 아름다운 여인이나 인간 삶에 있어 좋은 일에 비유하기도 한다. 또한 꽃은 젊음과 사랑을 상징하기도 하고 한 집단이 지닌 속성을 드러내기도 한다. 위의 꽃을 노래한 시는 꽃이 지니는 개체적 특성과 더불어 비유 및 상징적 묘사가 눈길을 끈다. 꽃은 아름다움과 향기를 주조로 한다. 이를 근간으로 하여 꿈과 사랑의 이미지를 연계하고 제비꽃과 작약이 지니는 개성적 특성을 깊이 응시하는 통찰력과 연상 작용이 두드러진다. 꽃을 매개로 하여 꾸밈없는 의식의 투명성과 순연하고 순박한 언어의 운용으로 빚어낸 순결한 상념의 자아상(自我像)이 인상적으로 인식된다. 두 작품 모두 시적 미감의 구현과 은은히 번지는 감미로운 여운의 파장이 온유한 시의 질감을 형성하여 감상의 여백을 넓혀준다. 시에서 풍기는 향기가 진하다.

바다는, 끝을 알 수 없는 바다는
잔물결 파도를 만들다가 사라진다
사랑스런 초가을 저녁 바다
홍사초롱 불 밝힌 산책로를 걸으며
발자국을 찍고 생각을 찍고
내가 걷고 살다간 흔적을 찍고….

결국은, 발 담그고 들어갔다
비로소 발가락 사이 간지러운 미소 퍼지고
나를 웃게 하는 것, 나를 울게 하는 것
그 틈을 비집고
밤이 밀려왔다

—「왜목마을 저녁」 일부

시보다 더 쓴 소주 한잔에
커다란 웃음소리 왁자하니
터져 오르고

살아 있는 시 한 행마다
의미 있는 송년으로
이 밤이 다하도록

벽찬 파도 오늘따라 살을 에이여도
바다는 원초적 그리움으로
출렁거렸다

—「삼길포」 일부

평자(評者)는 개인적으로 위의 두 시에 대한 느낌이 각별하다. 이금자 시인의 창작현장이랄 수 있는 두 장소에 대해 평자의 감상적 시선과 정서도 공유되었기 때문이다. 서정적 자아와 바다가 일체화되어 교감하는 무언의 대화가 공감각적 이미지를 형성하며 선연히 부각되어 현장감이 생동적으로 드러나는 작품이다. '나를 웃게' 하기도 하고 또 '나를 울게' 하기도 하는 바다에 발 담그고 들어간 찰나에 서정적 자아와 바다의 틈을 비집고 밀려온 밤의 실체가 확연한 감각으로 화자의 정서를 잠식하는 바닷가 정경이 한 폭의 묵묵한 수묵화를 연상시킨다. 그 바닷가 어느 선술집에 모여 왁자지껄 떠들며 시를 읊조리고 시론을 논하는 시객들과 그들의 술잔에 넘실대는 파도 소리가 입체적인 율격으로 또 하나의 시적 정경을 이루며 음파로 번지는 듯이 느껴지는 여운 길고 정겨우며 질감 좋은 작품이다.

6. 이금자 시인의 작품성향이 보이는 문학적 관견(管見)

이금자 시인의 통상적 일상은 한밤의 시 창작으로 몰입 된다. 이는 "오늘 밤 시들이 쏟아져 나와/ 잠을 못 잔다/ 일기장 가득/ 시들이 적힌다"(「불면」 일부)거나 "밤새 시 조각들이 따라와/ 날 괴롭혔다"(「불면2」 일부)라는 자아고백적 형태의 노래에서 충분히 확인된다. 통상적으로 시는 강인한 힘을 갖지 않는다. 인간의 삶을 주도하거나 변화의 실체로 작용하지도 않는다. 시는 문자언어로 형상화하는 통상적인 예술의 한 분야일 뿐이다. 하지만 그게 바로 시가 지니는 위대함이고 찬란함이다. 황지우 시인은 시를 지칭하여 '시는 금방 부서지기 쉬운 질그릇인데, 우리는 그것으로 무엇인가를 떠마신다'고 간파했다. 시가 인간 생활에 필요불가결한 요소로 작용해야 할 필연성은 이금자 시인의 작품에서 확인된다. 시집 『시간에 사랑을 입히다』를 바탕으로 그 특징을 추출(抽出)하면 다음과 같다.

첫째, 이금자 시인은 실존의식으로 정신세계를 탐구하는 유미안적 감성을 형상화한다. 문학적 바탕을 이루는 감정의 울림은 철저한 반복과 병렬, 연쇄적 리듬에 의한 자기 고백의 모습을 다양한 프리즘으로 조명하고 있으며, 이는 곧 입체적인 스펙트럼(Spectrum)의 다양한 가시광선으로 구현된다. 감성과 느낌이 물결치는 서정시는 현실을 조감할 수 있는 맑은 정신과 그리움이 주조를 이룬다. 둘째, 이금자 시인의 작품은 헌신적이고 열정적인 사랑으로 구현하는 자주적 인생론을 시화한다. 순박하고 맑은 영혼으로 빚은 일련의 시편들은 다양하고 다채로운 형태로 고유한 향기를 지핀다. 이는 꾸밈없는 의식의 투명성과 작위적이지 않은 순박한 언어의 융합으로 빚어낸 순결한 영혼의 자아상이기도 하다. 이금자 시인의 작품은 서정적 자아상의 구현이자

가치관이며 인생론을 망라하고 있다. 셋째, 이금자 시인은 순결한 의식의 총합으로 가족애의 자아상을 구축하고 이에 몰입한다. 지고지순한 감성과 본연적 의식으로 가족에 대한 사랑을 구현하고 헌신하며 이를 진솔한 언어의 운용으로 강화한다. 넷째, 이금자 시인은 종교에의 순응과 구도를 통한 자아확립의 절대성을 확립한다. 종교적 희원과 구도자에 대한 절대적 신념을 표방하는 작품들을 통해 인생의 패러다임(Paradigm)을 구체화하고 합리적인 시의 본성을 구축하며 감명 어린 내적 울림을 지향한다. 다섯째, 이금자 시인은 물아일체로 직핍한 경외감과 심미적 교감의 메시지를 노래한다. 삶과 자연현상을 모두 시적 대상으로 파악, 인지함으로써 이에 가치 있는 의미를 부여하고 조밀한 시선으로 투시하며 형상화하는 창작방식을 적용한다. 때문에 이금자 시인에게 있어 접하는 모든 사물과 현상은 모두 가치 있는 시의 제재로 활용된다.

이금자 시인의 시집 『시간에 사랑을 입히다』 상재를 진심으로 축하하며 앞으로도 무한한 문학적 성취와 함께 건필의 광영이 있길 축원한다.

문학세계대표작가선 859

시간에 사랑을 입히다

이금자 시집

인쇄 1판 1쇄 2018년 7월 20일
발행 1판 1쇄 2018년 7월 27일

지 은 이 : 이금자
펴 낸 이 : 김천우
펴 낸 곳 : 도서출판 천우
등 록 : 1992. 2. 15. 제1-1307호
주 소 : 서울시 성동구 무학봉28길 6 금용빌딩 2F
전 화 : 02)2298-7661
팩 스 : 02)2298-7665
http://moonhak.wla.or.kr
E-mail : chunwo@hanmail.net

값 9,000원

* 저자와의 협의에 따라 인지는 생략합니다.

충청남도 충남문화재단

* 후원 : 충청남도, (재)충남문화재단
* 이 책은 충청남도, (재)충남문화재단에서 "2018년도 지역문화예술창작지원" 사업비 일부를 지원 받아 제작되었습니다.

ISBN 978-89-7954-727-6

이 도서의 국립중앙도서관 출판예정도서목록(CIP)은 서지정보유통지원시스템 홈페이지(http://seoji.nl.go.kr)와 국가자료공동목록시스템(http://www.nl.go.kr/kolisnet)에서 이용하실 수 있습니다. (CIP제어번호: CIP2018022296)